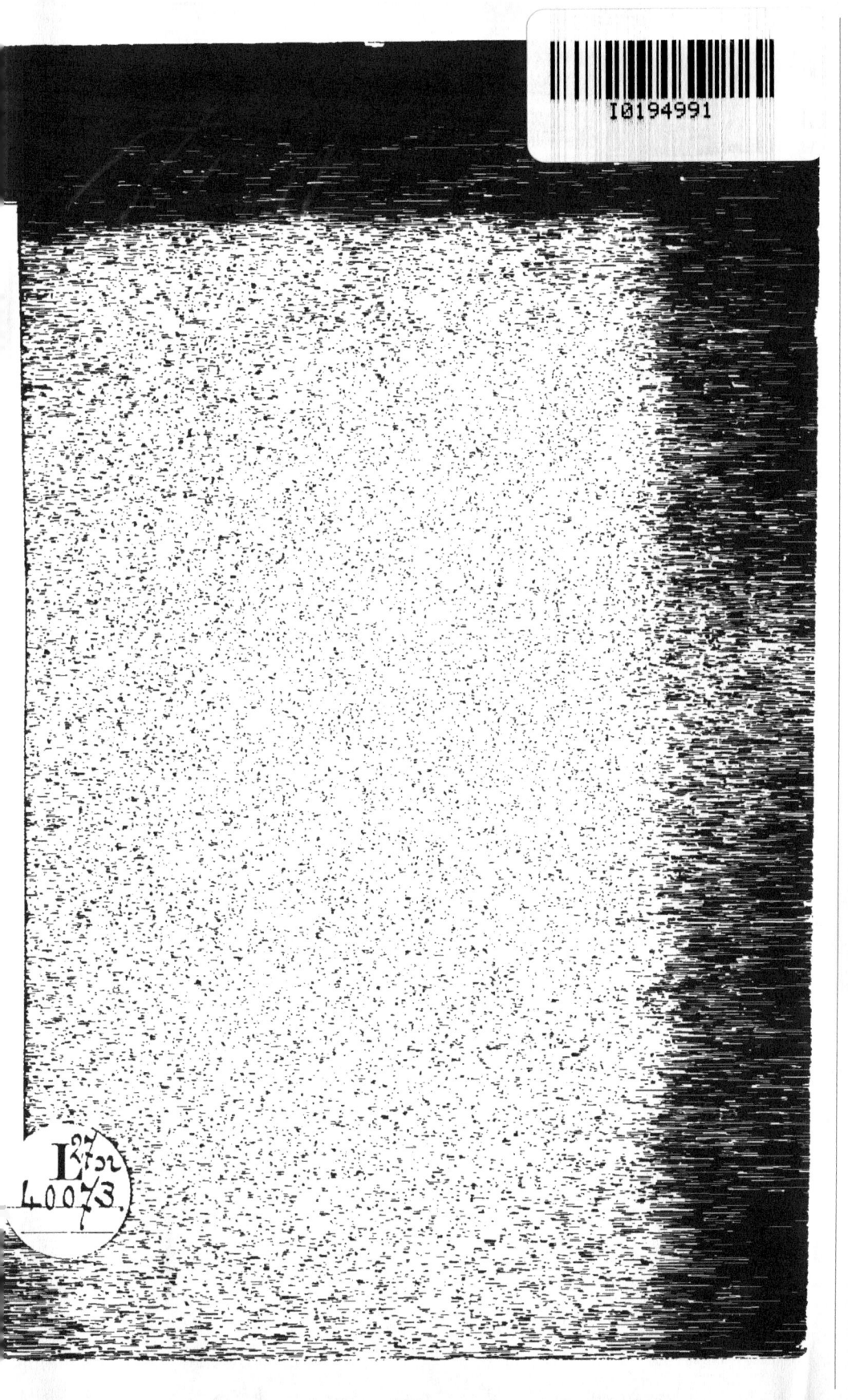

# DISCOURS

PRONONCÉ

PAR MONSEIGNEUR SOURRIEU, ÉVÊQUE DE CHALONS

## AU JUBILÉ SACERDOTAL

DE

## MONSEIGNEUR GRIMARDIAS

ÉVÊQUE DE CAHORS

Célébré à Notre-Dame de Roc-Amadour

LE 6 AOUT 1891

> *Cùm leges custodirentur, propter Oniæ pontificis pietatem et animos odio habentes mala, fiebat ut et ipsi principes locum honore dignum ducerent.* — II. Mach. III. 1 et 2.
>
> Le règne du pontife Onias avait soutenu l'autorité des lois et celle des gens de bien : et à l'étranger, beaucoup d'éminents contemporains honoraient son pays à cause de lui.

MONSEIGNEUR,

Lorsque le diocèse de Cahors ouvrit ses portes pour vous recevoir, il y a vingt-cinq ans, ceux qui observaient alors vos impressions et celles du peuple, pressentirent que votre patrie nouvelle, le Quercy, prendrait vite dans votre cœur autant de place que la belle Auvergne. Depuis, les rapports entre l'Évêque et son diocèse ont formé une chaîne de réciproques bienfaits, dont l'éminent Évêque de Rodez retraça le tableau dans un discours magistral le 27 juin 1888, cinquantième anniversaire de votre sacerdoce. Votre clergé et votre peuple ont voulu célébrer aussi le vingt-cinquième anniversaire de votre épiscopat, et ils ont eu raison. Car, dit Saint Grégoire de Nazianze, « il n'est pas sage de livrer à l'oubli les hommes de Dieu, alors que tant d'hommes funestes reçoivent des apothéoses. » *Neque pium, neque tutum, cùm impiorum hominum vita memoriæ prodatur, eximios pietate viros silentio prætermittere.*

On m'a demandé de porter la parole dans cette fête : je n'y ai aucun titre, excepté celui qui est écrit sur les marches de cette basilique, où je reçus de vos mains le sacre épiscopal, et où l'humble serviteur de ce sanctuaire devint par là votre fils. Si j'avais les accents d'un fils comme j'en ai les entrailles, il n'y aurait aucun contraste entre le sujet et le discours : mais puisque la langue a des défaillances, même quand le cœur n'en a pas, ne voyez en moi, Messeigneurs (1) et mes Frères, qu'un débiteur soucieux d'acquitter sa dette dans la mesure de ses forces. « *Orationem accipite a dignitate paterna longe remotum..... ita me ære quodam liberabo. (2)* »

Vous voulez que je trace l'histoire épiscopale de votre Pontife : je vais l'essayer. Je prends pour guide l'historien des Machabées ; les trois œuvres importantes qu'il attribue au grand-prêtre Onias sont justement celles de votre premier pasteur : je veux dire l'affermissement du peuple dans la loi divine « *cum leges custodirentur* » ; la consolidation de l'autorité sacerdotale « *propter pontificis pietatem et animos odio habentes mala* » ; le renom et l'honneur du diocèse auprès de beaucoup de contemporains distingués « *fiebat ut et ipsi principes locum honore dignum ducerent.* » Ces trois caractères résument l'épiscopat de Monseigneur Pierre-Alfred Grimardias, évêque de Cahors.

*\* \**

La fidélité collective des masses populaires a une importance souveraine. Entre autres résultats, elle assure le re-

---

(1) Messeigneurs Fonteneau, archevêque d'Alby ; Gouzot, archevêque d'Auch ; Bourret, évêque de Rodez ; Boyer, évêque de Clermont ; Denéchau, évêque de Tulle ; Fiard, évêque de Montauban ; Pagis, évêque de Verdun ; Renouard, évêque de Limoges ; Baptifolier, évêque de Mende ; Mourey, auditeur de Rote.

(2) Saint Grégoire de Nazianze.

crutement du clergé qui sort du peuple comme les fleuves sortent des profondes chaînes de montagnes ; elle protège aussi la foi des classes supérieures. Dans les temps où les principes sont obscurcis, l'honnête poitrine du peuple agricole est le tabernacle où la vérité divine est conservée. Un jour ou l'autre les sceptiques désabusés s'en rapprochent et la consultent, comme St-Jean consulta la pensée divine en couchant sa tête sur la poitrine de Jésus. Ils se disent que la vérité est sans doute mise à la portée de tout le monde comme la lumière, comme l'air, comme l'eau, comme tout ce qui est nécessaire ; que la Providence aura donné aux esprits simples un moyen facile de la trouver, et qu'il y a sagesse à penser comme eux.

Lorsque Mgr. Grimardias prit la direction du diocèse, la fidélité chrétienne du Quercy était renommée, mais elle n'était pas à l'abri des dangers communs à toute la France. Pour la préserver, il s'appuya principalement sur la vigueur héréditaire de votre raison, sur la popularité de vos institutions religieuses, et sur l'autorité de vos gloires chrétiennes.

J'appelle vigueur héréditaire de votre raison l'estime que vous faites des idées justes et fortes : elle est générale dans ce pays.

Vous n'avez jamais conçu le contrat de mariage sans le sacrement, ni la naissance sans le baptême, ni l'école sans la religion, ni la semaine sans la sanctification du dimanche, ni le péché sans la pénitence, ni la mort sans les sacrements de l'immortalité. Telle est votre raison, telle aussi votre conscience : elle n'est pas comme dans certaines classes un fragile tissu de mousseline que le moindre coup de vent déchire ; elle est vigoureuse, elle est résistante ; c'est une cuirasse de fer.

Pour conserver fidèlement cette trempe, il vous fallait un évêque d'esprit clair et sobre, préférant à tout les données expérimentales, allant de paroisse en paroisse, exposant la doctrine par les côtés que tout le monde saisit et qui saisissent tout le monde. Il vous fallait un évêque qui de plus revêtit la vérité du manteau de la charité, parlât par les œuvres de miséricorde, et portât dans toutes les chaires la couronne des bienfaiteurs.

Dieu vous a fait cette grâce, mes très chers Frères ; sous l'impulsion de votre premier pasteur, cet enseignement a rempli pendant vingt cinq ans vos églises ; votre clergé a rendu le diocèse semblable à la vaste forêt que S. Boniface, premier apôtre de la Germanie, vit en songe, et dont toutes les profondeurs étaient éclairées par des flots de lumière. Cette lumière partait d'un livre, c'était l'Evangile.

L'évêque de Cahors a consolidé votre foi par un autre moyen, qui est la popularité de vos institutions religieuses.

Réduit à me borner, et je le regrette, je nomme seulement les congrégations enfantées par le diocèse. Et qui ne sait la direction à la fois discrète et féconde qu'il leur a toujours donnée ? Voyez les sœurs de la Miséricorde (1) si laborieuses et si ferventes ; les sœurs de l'Union (2) nées sous les ombrages de Ste-Colombe et si dignes d'en porter le nom ; les filles de Jésus (3), si étroitement liées au Quercy, dont leur grand nombre prouve la fécondité. Voyez les sœurs de Notre-Dame du Calvaire (4) dont le berceau s'épanouit magnifiquement près d'ici, comme un grand vase de fleurs taillé dans la pierre, et qui sont l'honneur de votre diocèse par le parfum qu'elles exhalent, soit à Paris, soit en d'autres grandes cités.

Le spectacle des vierges chrétiennes enseignant la foi aux enfants fortifiait la piété des mères et adoucissait l'amertume

---

(1) A Montcuq.
(2) A Sainte-Colombe.
(3) A Vaylats.
(4) A Gramat.

de nos malheurs. En voyant l'effort des sectaires pour tarir toutes les sources de la vie chrétienne, nous regardions leurs écoles et l'espérance remontait dans nos cœurs. Nous nous disions avec S. Grégoire-le-Grand que la virginité est une protection pour la patrie. Nous éprouvions la sécurité d'Henri IV et de Bérulle, de Louis XIII et de Richelieu quand ils donnaient à l'établissement des Carmélites en France la solennité d'un évènement national. Hélas ! le maintien des lois fiscales qui précipitent les congrégations religieuses vers la ruine nous dispute cette dernière confiance !....

Mais la prévoyance de l'évêque de Cahors n'aura pas été en défaut, car il a donné un autre appui à la foi populaire : c'est celui de vos gloires locales. Le temps m'interdit d'en citer un grand nombre, je me bornerai à la plus ancienne et à la plus récente : Roc-Amadour et le martyr Perboyre.

C'est parce que Roc-Amadour est votre gloire qu'il est le rempart de votre foi. Il vous rapelle que vous avez pour premier ancêtre dans l'Evangile un contemporain, un disciple, un ami personnel du Sauveur. *Quod vidimus, quod audivimus, quod manus nostræ contrectaverunt de verbo vitæ.* (1) Il vous rapelle que si la France est la fille ainée de l'Église, vous êtes parmi les fils ainés de la France chrétienne. Il vous rappelle que si l'autel de Chartres est la dernière page des prophéties sur la mère de Dieu, (2) l'autel de Roc-Amadour est la première page de l'histoire de son culte.

Combien de fois, assis sur un rocher de cette montagne, la tête penchée sur la Bible, j'ai lu et relu le passage suivant du livre de Tobie (3) : « Mon fils, écoute ma dernière volonté, *audi, fili, verba oris mei.* Quand j'aurai rendu mon âme à Dieu, quand tu auras déposé mon corps au lieu des-

(1) I. Jean. I. 1.
(2) Autel élevé par les druides avec cette épigraphe : *Virgini paritura*.
(3) Tobie. IV. 3 etc.

tiné à ma sépulture, *cùm acceperit Deus animam meam, corpus meum sepeli,...* honore ta mère qui a tant et si longtemps souffert pour toi, *et honorem dabis matri tuæ, memor quot et quanta passa sit propter te.* Et après sa mort, réunis ses restes avec les miens, *et sepelies eam juxta me.* » Arrivé à cet endroit, je fermais la Bible, je transposais les paroles ; je les appliquais non pas à Tobie, mais à Jésus. Je croyais voir le divin Rédempteur, dans une de ces apparitions familières qui suivirent sa résurrection, disant à Zachée : « Traverse les mers, porte l'Evangile en Occident. Parvenu dans la Gaule Aquitaine, élève deux autels : l'un en mon honneur, *corpus meum sepeli,* l'autre en l'honneur de ma mère, devenue celle de tous les chrétiens, qu'elle a enfantés au pied de la croix, « *Honorem dabis matri tuæ, memor quot et quanta passa sit* ».

Ainsi interprétais-je le livre de Tobie et je concluais : voilà l'origine de Roc-Amadour, elle explique le mouvement de tant de générations accourues dans ces lieux de siècle en siècle.

Mais de ce passé merveilleux, que restait-il après l'hérésie sanglante des manichéens Albigeois, après la guerre de Cent ans et les dévastations de l'Angleterre conquérante, après la torche des huguenots, après le marteau de la Révolution française ?... Il restait à Roc-Amadour... des ruines que les évêques avaient lentement, péniblement et incomplètement relevées.

Lequel d'entre eux rendit plus résolument aux sanctuaires leur solidité, aux palais leurs lignes harmonieuses, aux fêtes leur animation et leur éclat, aux voix apostoliques le retentissement, à la prière la confiance ? Qui fit taire la plainte des âmes découragées déplorant la rareté des secours obtenus ? *In illis diebus non erat visio manifesta.* (1) Qui écrivit

---

(1) I. Rois: III. 1.

la passion du Rédempteur sur les rochers de la montagne ? Qui planta la croix de Jérusalem au-dessus d'un océan de foules humaines élevant et abaissant leurs vagues au souffle tantôt de l'amour et tantôt de la pénitence, tantôt de l'admiration et tantôt de l'espoir ?... La réponse à ces questions fut donnée ce jour-là par les acclamations universelles qui jetèrent le nom de votre évêque à tous les échos de la montagne sainte.

Comme Roc-Amadour est la plus ancienne gloire du diocèse, la béatification du martyr Perboyre est la plus récente : l'évêque de Cahors voulut en tirer la confirmation de votre foi. L'impulsion admirable qu'il donna aux fêtes de Cahors, de Montgesty, de toutes les paroisses est dans toutes les mémoires. Chaque fils du Quercy revendiquait l'héroïsme et la célébrité du martyr comme un honneur personnel. Chacun semblait porter à la main une feuille arrachée de sa palme triomphale. L'ivresse de la foi était partout : on eût dit que le pays assistait à sa propre apothéose. Ah ! la foi n'était pas alors ce qu'elle est trop souvent, un effort timide : elle était un transport de fierté. Parmi les discours qui furent si remarquables, aucun ne remua les masses populaires comme celui de Montgesty, berceau du martyr. On y entendit des accents qu'un orateur étranger ne pouvait pas égaler : seul, un enfant du Quercy pouvait faire éclater l'âme du Quercy avec tant de puissance.

*
\* \*

Telle a été la consolidation de la foi populaire. Le Jubilé épiscopal nous convie à étudier celle de l'autorité pastorale.

Le pouvoir légal manque partout au clergé : du côté des lois civiles presque tous ses droits demeurent sans défense... Que lui reste-t-il ? L'autorité morale. Quelques-uns disent : « c'est peu ». D'autres disent : « c'est beaucoup ». Les plus hardis disent : « c'est assez ».

Et il est vrai qu'avec elle les catholiques allemands ont reconquis les traitements ecclésiastiques, la libération des prêtres emprisonnés, le retour des évêques exilés, la liberté de quelques congrégations ? Henri de Souabe est revenu à Canossa sous la figure de Guillaume II, Grégoire VII l'a reçu sous la figure de Léon XIII. Le grand évêque de Meaux l'a dit : « l'Eglise de Jésus-Christ se gouverne par la faiblesse. » Or l'évêque de Cahors avait reçu du ciel le don de grandir l'autorité morale du clergé pastoral. Il y parvint en établissant son gouvernement sur la charité, sur l'équité et sur le respect des hommes.

Donner, c'est recevoir, et nul ne se donne au peuple sans que le peuple ne se donne à lui. Inutile de rappeler les aumônes qu'il a versées dans le sein des pauvres. Comme il l'avait promis dans la cérémonie du sacre, il a été pour eux affable et miséricordieux, *omnibus indigentibus affabilis et misericors*. *(1)* Et comme les pauvres ont pour nourriciers les prêtres, vous savez ce qu'il fit pour perpétuer le renouvellement du clergé : vous savez comment il agrandit et il dota les séminaires. Aussi, tandis que dans quelques provinces la sève sacerdotale se glace dans les moëlles de la jeunesse, *deficient pueri, juvenes in infirmitate cadent* (2), ici, l'honneur de servir l'Eglise attire encore les cœurs vaillants. *Qui autem sperant in Domino, mutabunt fortitudinem, laborabunt et non deficient*. (3)

C'est principalement dans les visites pastorales que sa charité prenait un libre essor. St-Ambroise dit aux pasteurs : « Le devoir qui sert de base à tous les autres, est celui de connaître votre Eglise », *primùm omnium, cognosce ecclesiam tibi commissam*. L'évêque de Cahors parcourut toutes

(1) Pontif. rom. *De Consecratione episcopi*
(2) Isaïe. XL. 29.
(3) Isaïe. XL. 29.

les parties du diocèse : tantôt le pays de *rivière* au sol plantureux couvert de populations vives et riantes ; tantôt le pays de *causse* vêtu de son austère manteau de pierres et justement fier de ses travailleurs, qui domptent une nature résistante et la forcent à leur payer tribut ; tantôt le pays de *ségala* où les grandes futaies dessinent à l'horizon des lignes solennelles, vrai festin pour les yeux des habitants, qui reprocheraient à leurs terres froides et avares d'en servir de si maigres à leur table, s'ils n'avaient la sagesse de vivre contents de peu.

Vous avez vu votre évêque reçu partout avec honneur et amour. « *Sicut angelum Dei excepistis me.* » (1) Vous l'avez vu, vous pressant partout de rechercher les biens éternels, *quærite primùm regnum Dei* ; (2) partout soucieux de vos intérêts temporels, prêtant une oreille attentive aux requêtes les plus humbles, partout relevant les ruines morales, *instaurare omnia in Christo*, (3) et laissant après lui des espérances de régénération, *scitis introitum nostrum ad vos quia inanis non fuit* ; (4) il était écouté comme un oracle de Dieu, *verbum accepistis sicut est verè verbum Dei*. (5) C'était partout la charité pastorale réjouie et couronnée, *quæ nostra spes aut gaudium ?... nonnè vos antè Dominum nostrum Jesum Christum ?* (6)

Au terme de ces ovations annuelles, une chose demeurait et leur faisait suite : c'était l'autorité des pasteurs agrandie, affermie et désormais acceptée avec plus de confiance par chaque peuple, parce qu'il avait vu son propre pasteur honoré par l'amitié du pontife.

(1) Galat. IV. 14.
(2) Matth. VI. 33.
(3) Eph. I. 10.
(4) I. Thess. II. 1.
(5) I. Thess. II. 13.
(6) I. Thess. II. 19.

Il employa un autre moyen pour consolider le pouvoir moral du clergé : c'est l'équitable répartition des charges supérieures. Il savait que le mérite est, par sa nature même, une sorte de magistrature. Il savait que le Seigneur avait ordonné à Moïse de choisir soixante dix hommes capables de travailler avec lui à la prospérité des choses publiques, *congrega septuaginta viros, sint magistri ut sustineant tecum onus populi.* (1)

Il pensait avec le pape S. Pie V qu' « il faut des dignitaires capables d'honorer les dignités, afin que les dignités ne soient pas compromises par la médiocrité des dignitaires. »

Dire que l'Évêque de Cahors pensait de la sorte, c'est vous rappeler comment il continua aux anciens administrateurs du diocèse la confiance de ses prédécesseurs ; je veux parler du vieillard presque séculaire qui fut l'ami de tous les prêtres comme tous les prêtres furent ses amis, et de celui qui a égalé, soit les Franciscains par le mépris des biens de la terre, soit les Bénédictins par la constance du travail.

Avec leur concours, il a placé à la tête des paroisses importantes des pasteurs exemplaires, modèles du peuple par la vertu, recherchés pour la sagesse de leurs conseils, faisant prévaloir leur qualité de père et d'ami sur leur qualité de Supérieur, descendant au niveau des plus petits par la bonté sans cesser d'être au niveau des grands par leur dignité, étrangers aux passions politiques, et marchant les yeux tournés vers les biens éternels. Dans une autre sphère, les noviciats religieux et les séminaires ont reçu des formations capables de les faire fleurir par leur esprit ecclésiastique et par leurs lumières.

Vous seriez surpris si l'ancien solitaire de Roc-Amadour ne vous arrêtait pas devant les figures qui ont orné, et de-

(1) Nombr. XI. 16.

vant celles qui ornent aujourd'hui cette solitude. Le Pontife avait placé là un prêtre d'un si rare esprit qui, après avoir mis leurs devoirs et les vérités de la religion à la portée des villageois dans leur idiome rural, avait coutume d'éblouir les étrangers par les traits d'une conversation sans rivale. — J'aime à vous nommer son continuateur qui, sous la haute impulsion de l'évêque, a doublé le mouvement du pèlerinage, et imprimé à ces édifices un caractère de jour en jour plus monumental.

Et puisque je parle de cette résidence, qui de vous ne songe aux ouvriers généreux, chevaleresques, infatigables, qu'il y a successivement appelés, qui passent des autels du pèlerinage aux chaires de vos paroisses, partout simples et pleins de cordialité. Ils ont fait de Roc-Amadour une école vraiment apostolique. Eux aussi ont, à leur manière, grandi l'autorité du clergé.

L'Évêque de Cahors y a mis la dernière main en donnant à son gouvernement et à celui de son clergé le caractère du respect.

« Par sa nature, dit un grand Docteur, le gouvernement ecclésiastique n'a rien d'altier ni de violent. » — Il s'appuie sur la pratique de Dieu même qui, selon les Saintes Écritures, dirige les hommes avec de grands égards, *cum magnâ reverentiâ disponis nos* [1]. Non que Dieu reconnaisse à personne le droit de mal dire ni de mal faire ; mais sa méthode est d'amener les hommes à mieux faire et à mieux dire au moyen de la persuasion.

Comme le Sauveur qui a rendu son joug léger en le réduisant à peu de lois ; comme S. Paul qui dispense les païens convertis de toutes observances mosaïques, votre Pontife a simplifié la pratique de la religion en la dégageant des sur-

---

(1) Sagesse. XII. 2.

charges importunes. Il a ménagé les roseaux déjà brisés ; il a rallumé les lampes presque éteintes qui fumaient encore ; dans les désordres les plus affligeants il a fait la part de l'ignorance et de la fragilité humaine, *nesciunt quid faciunt (1)*. Mais quand il a rencontré l'orgueil uni à l'incapacité, il n'a pas dissimulé que, la porte du royaume céleste étant étroite et basse, l'humilité seule y peut entrer.

C'est surtout envers les esprits involontairement fourvoyés par indépendance qu'il a redoublé de délicatesse, *cum modestiâ corripientem eos qui resistunt veritati ; nequando Deus det illis pœnitentiam et resipiscant (2)* Il a voulu rendre possible leur retour, qu'un zèle emporté aurait rendu à jamais impossible.

Quant aux actes de la vie publique, votre Pontife a nettement enseigné aux catholiques les devoirs de la conscience dans les élections, sans autre réserve que de toucher avec ménagement aux ombrages de l'esprit national. Il savait, comme S. Grégoire-le-Grand, que le divorce de l'esprit national avec l'Eglise est la cause des plus grands égarements de l'opinion publique... Grave et auguste sollicitude qui vous portait à dire de lui ce que Bossuet a dit de Nicolas Cornet, grand maître du collège de Navarre : « En France, il n'y avait pas d'âme plus française. »

De toutes ces forces réunies, de tant de charité, de tant d'équité et de tant de respect sortit la grande autorité de l'évêque, partagée par le clergé pastoral. Il est permis de lui appliquer le mot que Montalembert, assistant aux funérailles de Lacordaire, entendit de la bouche d'un ouvrier méridional et qui vaut une oraison funèbre : « *Habion un rey*, nous avions un roi ! » Dans cette fête, qui pourrait

(1) S. Luc. XXIII. 34.
(2) II. Tim. II. 25.

être nommée le Jubilé d'un souverain, le discours tout entier aurait pu être réduit à ce mot : « Nous avons un roi, *haben un rey*. »

*

Un tel épiscopat devait mettre le siège de Cahors en faveur dans l'Eglise de France : « *Ut et ipsi principes locum honore dignum ducerent.* »

Comme le besoin d'approcher les hommes renommés avait jeté de bonne heure le jeune Curé de la Cathédrale de Clermont sur la trace des contemporains illustres (1), ainsi fut-il recherché à son tour. Beaucoup de prélats remarquables ayant vu son intelligence nette et sûre, sa noble courtoisie, l'aisance avec laquelle il traitait les affaires difficiles, en furent frappés au point de ne plus se détacher de lui. Venus en pèlerins de l'amitié, ils ne manquaient pas dans la suite de répandre sa louange.

Parmi ce nombre, il y en a qui sont honorés de la pourpre romaine, justifiée par la supériorité de leur esprit et de leur vie. Il y en a d'autres dont les écrits touchent à la célébrité, et dont le pinceau rappelle les plus déliés auteurs de *Mémoires*.

Le Cardinal de Bonnechose interrompit ses visites pastorales pour donner l'hospitalité à notre Pontife : il déclare ensuite, dans son *Journal*, qu'il est plein d'un grand sens et d'un esprit pratique très remarquable.

Au cours de son pèlerinage à Rocamadour, avec le Nonce du Saint-Siège, le célèbre cardinal Guibert, dont les jugements étaient toujours pesés dans les balances de la Sagesse, en voyant de ses yeux les témoignages de confiance, d'a-

---

(1) *Sic educatus et instructus secundùm Dei præscientiam, quæ rerum materiam longè antè præstruit.* S. Grég. Naz.

mour, de liberté filiale que le clergé et le peuple donnaient à leur évêque, se retourna vers le Nonce avec ces mots : « Monseigneur, lorsque vous verrez N. S. P. le Pape, dites-lui que vous avez vu ici l'évêque catholique tel qu'il était dans les bons temps de l'histoire.

Tant de prélats étaient attirés à lui par son caractère hospitalier *episcopum hospitalem (1)*. Il avait imprimé ce caractère à sa demeure dont il était lui-même la première parure, avec son aisance de seigneur et d'ami.

Les étrangers avaient coutume de visiter l'antique manoir des évêques de Cahors, dont les tours commandent la vallée où votre fleuve semble rouler, avec ses ondes, des émeraudes et des saphirs. Le donjon de Mercuès, pieusement restauré comme mémorial des vieux âges, symbolise la protection des peuples par leurs premiers pasteurs, et la loi de l'Evangile planant au-dessus de toutes les autres pour leur imprimer son esprit bienfaisant. A cette heure-ci deux figures s'en détachent avec plus de relief. L'une est celle de Mgr Alain de Solminihac, l'ami de Saint Vincent-de-Paul, qui vécut et mourut à Mercuès ; elle est faite d'austérité, de vigilance et de froide énergie, elle répond à un âge de décadence et de rénovation cléricale : c'est la figure du réformateur. L'autre est celle de votre évêque heureusement régnant : elle est plus ouverte et plus confiante : elle répond à un âge de meilleure discipline. Ces deux mémoires seront longtemps inséparables du donjon ecclésiastique. Aucun prêtre ne verra ses murs sans penser à elles, sans mieux comprendre l'esprit sacerdotal et sans être plus fier de son diocèse.

De tout ce qui précède résultait une renommée périlleuse pour vous tous, mes très chers Frères, parce qu'elle vous exposait à perdre votre Pontife en le signalant pour des

(1) I. Tim. III. 1.

fonctions plus éclatantes. Et, en effet, le plus grand siége épiscopal de la Bretagne lui fut offert. Les honneurs venaient à lui, mais lui repoussa les honneurs : *Non honorem prosecutus, ab honore quæsitus* (1).

La fidélité envers sa première épouse, les consolations qu'il avait goûtées dans cette alliance, la douce habitude de porter dans ses bras vos destinées qui n'avaient jamais été un fardeau pour lui, *porta.... eos.... sicut portare solet nutrix infantulum (2)*, celle de moissonner ce qu'il avait semé et de respirer à l'ombre du grand arbre qu'il avait arrosé avec les sueurs de son front et quelquefois avec les larmes de ses yeux..... Tout le rendit sourd aux propositions brillantes : il résista à cette faveur.

Mais la faveur est comme l'ombre qui fuit ceux qui la cherchent, et qui cherche ceux qui la fuient. Il en est une qui s'attache aux évêques populaires : elle consiste à leur donner usuellement le nom même de leur peuple, en omettant de jour en jour davantage le nom héréditaire qu'ils tiennent de leurs aïeux. Or, ce genre de faveur s'attache à votre Pontife. Honneur, intérêts, idées, sentiments, toute sa vie se confond si bien avec celle de son peuple ; le peuple est tellement dans l'évêque, et l'évêque est tellement dans le peuple, qu'on s'accoutume à l'appeler simplement : « l'Évêque de Cahors. »

*\**
*\* \**

Au terme de ce discours, Messeigneurs et mes Frères, combien il est doux de bénir l'Auteur et dispensateur de toutes les grâces d'avoir donné à son serviteur celle de consolider la fidélité de son peuple, celle de grandir l'autorité de son clergé, et celle d'honorer le siège de Cahors.

(1) S. Grégoire de Naz.
(2) Nombres. XI. 12.

Ce lieu dédié à la Reine du ciel et de la terre, l'état présent de notre pays, et le caractère du prélat qui est l'objet de cette fête, nous reportent à un touchant souvenir de la Bible. Le roi Assuérus était égaré par Aman, son ministre criminel. Le sage Mardochée, qui avait sauvé la vie du monarque avait eu pour récompense... l'oubli, et il allait être condamné à mort. Heureusement, la modeste et pieuse Esther éclaira la justice d'Assuérus : Aman fut abattu, Mardochée fut relevé, et le peuple de Dieu recouvra la liberté de conscience.

A la seule différence des noms, vous avez sous les yeux cette page des saints Livres : Assuérus, c'est le souverain des temps modernes, c'est notre grand pays, troublé et agité comme ce prince Aman qui le trompe et l'égare, c'est le sectaire, dont la haine, astucieuse autant qu'implacable, s'attache à la perte des enfants de Dieu. Esther, c'est la Vierge Marie, ce sanctuaire est son palais, l'autel de la sainte chapelle est son trône. Mardochée, le sauveur tant méconnu, c'est le clergé.... C'est vous, Monseigneur, car vous avez sur la Vierge Marie l'autorité que Mardochée avait sur Esther. Demandez-lui de sauver la France chrétienne. Comme Dieu, et en son nom, elle tient dans sa main le cœur du peuple français, capable de se convertir à la justice comme Assuérus, si Elle daigne y employer sa miséricorde et sa puissance.

Et nous, mes très chers Frères, nous, les serviteurs de la Mère de Dieu, que lui demanderons-nous pour l'évêque de Roc-Amadour qu'elle ne lui ait déjà accordé depuis longtemps ? N'est-ce pas de sa protection que lui vient cette jeunesse prolongée qui ne sait pas se séparer de lui ? Son œil est toujours clair *oculi puro lumine vigent* ; son pied est toujours ferme, *pedes certa imprimunt restigia* ; sa voix est toujours sonore, *vox sonora* ; sa vigueur dément son âge, *vires cum ætate dissentiunt* (1). Notre-Dame de Roc-Amadour est, après Dieu, l'auteur de ces biens : pressons-la de les rendre durables.

Alors notre Pontife pourra dire ce que disait Caleb, fils de Jéphoné, de la tribu de Juda : « J'avais quarante ans lorsque j'entrai dans la Terre promise ; aujourd'hui, j'en ai quatre-vingts, mais en dépit des années, je suis encore vert, *Sic valens ut valebam eo tempore.* » (2) Que la Mère de Dieu nous obtienne la consolation de voir notre Pontife dépasser la vaillante longévité de Caleb, et lui décerne un seul nouvel honneur : celui de devenir le doyen d'âge de l'épiscopat français. *Exaudi Christe, exaudi Maria : (3) Petro Alphrido vita !*

Vivez donc encore longtemps, Monseigneur, pour nous éclairer et pour nous aimer. La couronne que notre tendre vénération vous a faite est assez belle pour vous permettre d'attendre celle que vos bonnes œuvres vous tressent dans l'éternité, et que nous serons heureux de contempler lorsque nous serons avec vous dans la patrie céleste. *Exaudi Christe : Petro Alphrido vita !* Amen.

---

(1) S. Jérôme.
(2) Josué. XIV. II.
(3) S. Aug. Lett. 213.

CAHORS, F. PLANTADE, IMPRIMEUR DE M<sup>gr</sup> L'ÉVÊQUE

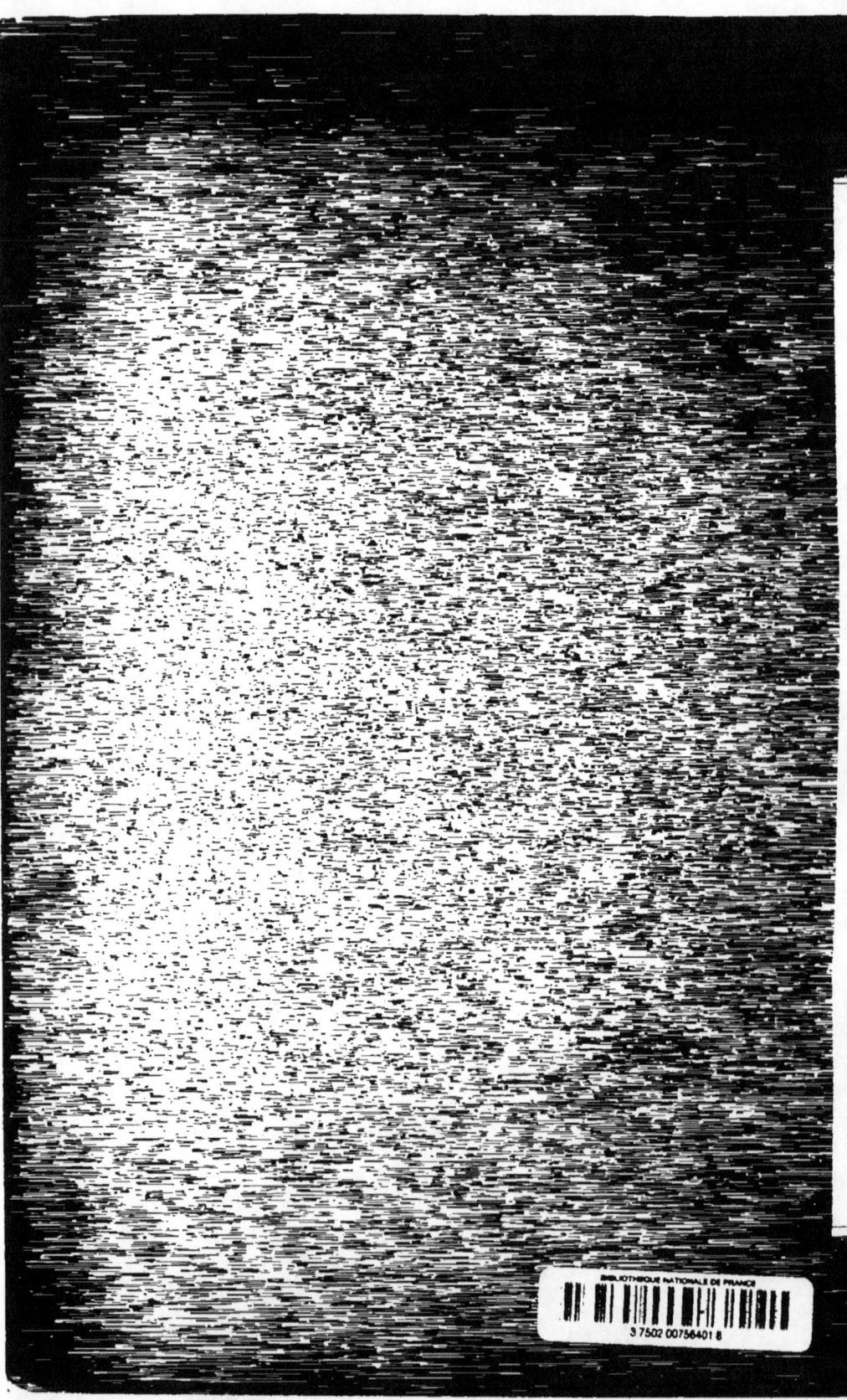

www.ingramcontent.com/pod-product-compliance
Lightning Source LLC
Chambersburg PA
CBHW060624050426
42451CB00012B/2416